AF583038

PUNTO Y AMARTE

ExLibric

LETIIE MERCURY

PUNTO Y AMARTE

EXLIBRIC
ANTEQUERA 2020

PUNTO Y AMARTE
© Letiie Mercury
Diseño de portada: Dpto. de Diseño Gráfico Exlibric

Iª edición

Editado por: ExLibric
c/ Cueva de Viera, 2, Local 3
Centro Negocios CADI
29200 Antequera (Málaga)
Teléfono: 952 70 60 04
Fax: 952 84 55 03
Correo electrónico: exlibric@exlibric.com
Internet: www.exlibric.com

ISBN: 978-84-19092-10-6
Depósito Legal: MA-1262-2020

Nota de la editorial: ExLibric pertenece a Innovación y Cualificación S. L.

LETIIE MERCURY

PUNTO Y AMARTE

A todos mis ex, gracias por hacerme escritora.

IDEALIZANDO EL PARAÍSO QUE SE VE DESDE TU ESPALDA

Mírame.
Estoy aquí,
tumbada en la sombra,
enfocándome con la luz que desprendes,
rogándole a tu espalda que deje de compadecerme.
Mírame.
Estoy tras de ti.
Aunque me creas inerte,
tú eres quien me hace vivir en este momento.
Aunque esté ausente en tu horizonte,
mi nombre algún día será la cumbre del monte
donde quieras subir sonriendo.
Ojalá.
Ojalá te gires y me mires,
y yo deje de rogar convertirme en ese mar
que contemplas suspirando,
con el que sueñas huir nadando de todo el mal
que pueda venir.
Prometo combatir tempestades
hasta llevarte a la calma.
Prometo darte treguas en mi cama
antes y después de las guerras.

Prometo ser tu cielo mientras vuelas
y la tierra que te haga crecer cada día.
Prometo que si me miras,
serás lo único que vea el resto de mi vida.
Mírame.
Estoy callada,
escribiendo en la playa lo que nunca te diría,
llamándote con mi interior, porque por fuera
soy otro grano más en la arena de tus pies.
Soy un ente dando vueltas
en el limbo de tu indiferencia.
Y no me ves.
Mírame.
Sigo esperando a que lo hagas,
quiero convencerte de que no soy quien imaginas,
que mi físico y mi timidez son mis falsas espinas.
Déjame clavarte mis ojos en los tuyos
y arrastrarte a mi mundo interno,
hacerte eterno en mis más profundos pensamientos.
Mírame.
Más cerca,
más adentro,
y acerquémonos juntos a la incertidumbre del futuro,
que con distancia
y con muros,
aterrizaremos juntos en un suelo firme y seguro,
porque si me miras,
al mirarme,
sabré que fuiste tú ese rayo de esperanza

que le pedí al destino,
y que en mi camino está la misión
por la que llegaste a mí:
para llenar mi nariz de tu aire fresco,
para enseñarle a mi respiración que el amor
siempre te ayuda a sobrevivir.

DILUVIO AL BESAR

Ya tus brazos no me dan calor.
Tus últimos abrazos me llenan de ese frío forzado
por querer hacerme feliz.
Tu fuego se apagó,
y tu falta de calor me hiela,
me congela,
me mantiene estable ahí, a tu vera,
en un punto en el que mi temperatura no varía.
Ya no puedo derretirme con tu falsa sonrisa,
con tus caricias imperceptibles,
con esa apatía que se percibe desde lejos
que gobierna en tu mente.
Ya tus besos escuecen.
No noto su sabor,
no sacian la deshidratación por tu afecto.
Ya tus ojos son perfectos,
porque mi silueta no se plasma en ellos.
Ya no ocupo una parte de su color marrón,
porque mirándome no me ves como antes.
Porque si no estoy delante,
mantienen el mismo esplendor.
Suéltame, por favor.
Deja de alentar mis sentimientos
cuando los tuyos se convirtieron en vapor
y formaron nubes de tormenta.
Prefiero la lluvia de ese nubarrón

y mojarme,
que ahogarme con tu violenta indiferencia,
haciéndome creer que entre nosotros
todavía queda amor.

A CAMBIO DE TI

Cuando todo había acabado,
comenzó.
La tristeza se esfumó
gracias a ti, que transformaste cada lágrima
que he derramado en sonrisas sin fin.
Cada golpe que me dio la vida me lo ha cambiado por ti.
Y ahora estoy en deuda con ella.
No encuentro ninguna moneda
que pueda pagar justamente.
No sé qué trueque utilizar para estabilizar la balanza,
para que el destino no se vengue con una lanza
que retorne a mi favor.
Por no rozar la altura de su mandato.
Por no saber gozar al ser novato.
Por rechazarlo con el despiste de mi egoísmo,
de querer seguir sonriendo por tu culpa,
de querer tenerte cerca,
para no revivir el diluvio de mis lagrimales.
Y tengo miedo de no aceptar su regalo
y que te arranque de mis manos.
Miedo de que al irte no vuelva a ser feliz.
Pero si el precio que he de pagar es muy caro,
ten claro que usurparía al demonio su nombre,
para darte vida,
aunque el infierno se apodere de la mía.

POR FIN FELIZ

Estaba sola,
durmiendo a deshoras,
con la nuca contra el suelo debatiéndome
el duelo de ahora o nunca.
De seguir besando el rastro de mis pies
o borrar recuerdos para sonreír otra vez.
Y mientras me cegaban los miedos, te vi aparecer.
Eras luz en medio de mis tormentas,
y te metiste en mí sin tocarme la piel.
Me levantaste de la mano y me llevaste allí,
donde las estrellas.
Y mientras me enseñabas sus secretos,
yo guardaba el mío cuando vi una fugaz aparecer.
Te deseé alguna vez, y cuando ya lo olvidé,
la vida me regaló tu sonrisa.
Y la ironía fue que en esos días
gobernados por la mentira
me hiciste volver a creer que el amor verdadero
existe todavía.
Y aunque yo no le conocía, lo sabía.
Sabía que quería acercarle a mi vida.
Porque tus ojos me lo presentaron al mirarme,
porque el brillo que salía de ellos le cegó
el temor a mi corazón, haciéndole latir,
al compás de tu respiración cuando te acercaste a mí.
Y transformaste todo lo que era gris

en un mundo de color.
Y hoy, vuelvo a sonreír, me despedí del temor.
Hoy sí,
por fin soy feliz.

ATRAPADA

Amanece.
Los rayos solares penetran entre la persiana
y se proyectan en tu espalda desnuda,
en la piel que mudas cuando cambias de cama.
Empiezo a jugar con mis yemas en ella
para conseguir tu dulce despertar.
Cómo brillas desde por la mañana.
Tus pestañas comienzan a bailar y abren paso
al mirar de tus ojos de cristal.
Apuntan hacia los míos,
pero el disparo me llega al corazón.
Me rodeas con un brazo
y pegas mis pechos a tu torso.
Me pongo a temblar, y no de frío.
Pierdo el control de mis labios y sonrío.
Al parecer, mi boca te llama,
porque me contestas con un beso.
Me apartas el pelo con un suave gesto
y te apoyas sobre mí.
Y yo busco apoyo y me dejo caer en tu frialdad,
porque no tienes piedad por mis deseos
de no romperme.
Y me vendes y me vendas los ojos,
pero me dejas el pecho a corazón abierto
para que los matojos de tu felonía crezcan dentro de él.
Me haces sentir viva,

me activas el pulso,
aunque sé que soy el impulso de un nuevo objetivo
que te marcas,
y que al cumplirlo, tu marcha será clara,
y mi viaje oscuro.
Pero mientras deletreas el adiós,
seguiré abrazándote en mi cama,
como una fiera salvaje que se abalanza a la trampa,
porque puede oler a su presa,
y que por sorpresa fue engañada,
y atrapada
entre tus redes.

APOSTANDO A LO IMPOSIBLE

Tenía tan claro que lo nuestro era imposible
que lo intenté.
Sabía que tu boca estaba envenenada y la besé,
que me estabas mintiendo y te creí,
que tu corazón estaba ocupado y me quise meter.
Y después de perder,
de intoxicarme con tu placer vacío,
de vagabundear sin hallar tu cobijo,
ya no hay nada que hacer.
Me desangré con las heridas de tu piel,
aunque yo no las provoqué.
Y ya lo sé:
no puedo reprocharte mi dolor,
porque fui yo quien agarró el puñal y me lo clavé.
Fui yo la que se suicidó ahorcada a esa esperanza
que nunca nació.
La culpa fue mía por quererte más
de lo que me quería yo.
Y desconozco si sanaré,
si cicatrizaré algún día.
Pero mientras lo hago o no,
me apretaré los moretones de tus recuerdos
para sentirte otra vez.
Para notar cómo dolías y, aun así,

volvería a pelear por ti, sin arma y desalmada,
fingiendo que no descubrí que esta batalla está amañada
y que nadie apostó por mí.

ESPERAR ME MATARÁ

Tu carcajada se difumina con la brisa
que me dejó de acariciar,
y mis lágrimas desembocan en el océano
de los recuerdos a olvidar.
Tu voz resuena al compás de aquellas canciones
que llevaban tu nombre,
y hoy solo evocan un sentir pasado,
un anhelo que viajó demasiado rápido,
y no le dejó paso al amanecer del mañana,
donde tus pupilas, llenas de color,
hicieron trazas a mis espaldas;
donde verte escondida y retenerme
es mi única opción de tenerte;
donde mantener la paciencia y la calma
es la única manera de que mi alma no desespere.
Y esa esperanza porque llegue un día,
quizás inexistente,
es lo que me mantiene viva.
Porque hasta el momento de mi muerte,
te esperaré,
te esperaré eternamente.

YA NO ERES REAL

Hoy volvemos a dormir separados,
pero presentes en nuestros pensamientos.
Maldito tiempo que corre tan lento,
por tenerme lejos de ti.
Y sus horas no pasan, porque no pasas por mi lado.
Quiero retroceder a ese momento
donde te apoyabas en mi almohada;
donde tu mirar a centímetros de mí
me cortaba la respiración;
donde las ganas por vernos
pisaban por encima el freno,
y nos dejábamos llevar por nuestros sentimientos.
Y es que lo nuestro era de verdad,
y lo sigue siendo.
No fue casualidad conocernos,
no fue cosa del azar.
Que el echarte de menos es una señal
que me recuerda que todavía te quiero.
Esa es la única realidad.
Hoy volvemos a dormir separados,
pero tu olor impregnó ese hueco
que tu ausencia hundió en mi cama.
Y desde que te has ido
solo puedo agarrar ese recuerdo,
cuando dormía contigo,
cuando al despertarme,
todavía no eras un sueño.

INACABADA

Tu amor fue mi ruina,
como los restos de Roma,
como la paloma coja
y un árbol sin hojas.
Como algo que fue tan bello,
y que sus secuelas te dejan ver que lo fue,
pero que ahora yace incompleto.
Como elegir tu tren
y que vaya lleno.
Como una rosa espinada
que se pudre al arrancarla.
Como un orgasmo cuando acaba,
o un acuario sin su pez,
que aún conserva sus burbujas,
por si un día decide volver.

POR HABERME CALLADO

Quería decirle que desde que le vi por primera vez
soñaba con sentirle cerca.
Quería decirle que le he estado esperando
muchos años sin saberlo,
que mi piel lo ha descubierto cuando, por fin,
me ha rozado.
Quería decirle que hasta que apareció,
pensaba que mi camino en el amor había acabado,
que paseaba a tientas sin rumbo.
Quería decirle que por él dejaría que mi corazón
llevara las riendas,
que confiaría en él a pesar de su venda.
Pero no lo hice,
y ahora solo quiero retroceder para volver a verle.
Quiero volver atrás, a esos momentos
donde nos solíamos besar,
y taparle la boca cuando se despedía
con un hasta jamás.
Porque mientras lo hacía, sus labios pronunciaban
que no quería hacerlo.
Y yo, por miedo a sangrar, le abrí la puerta de salida
y lloraba mientras le veía marchar.

DESHILOS DEL HILO ROJO

No te buscaba, pero te vi y sentí
como si lo hubiera estado haciendo toda la vida.
Tus ojos negros eran un espejo
donde mi alma se reflejó,
como una noche sin estrellas,
como el carbón de una hoguera que se consumió,
como la Parca que me acompañaba a cada rincón,
pero me dejaba correr a mis anchas
para que yo supiera que pronto
llegaría el momento de su traición.
Y mientras caminaba sin rumbo, sin destino,
te vi pasar sonriendo.
Bailaste en mitad de mi camino
y tuve que parar en seco,
y observarte sin que tú me vieras,
sin que supieras que ahí estaba yo,
admirándote escondida en mi oscuridad.
Empecé a pensar en una excusa
para que centraras tu atención en mí.
Me solté el lazo rojo que sujetaba mi melena
y te lo anudé en la muñeca.
Pensé en aquella leyenda de unión
que me contaban de pequeña
y es lo primero que se me ocurrió,
para que volvieras a mí,
aunque desconocieras mi ubicación;

para que siguieras mi rastro ignorando que tus pies
te llevarían a chocarte con mi corazón en algún lugar,
en algún lugar lejos de mi imaginación.
Y te esfumaste,
tan rápido como ese segundo en el que me miraste,
sin querer.
Hasta pronto,
deseé.
Mientras resoplaba al son de la llamada del viento
para que provocara un vendaval y retrocedieras,
que estuviéramos otra vez cerca.
Pero sopló a tu favor.
Pasaron los años y jamás te volví a ver.
Ya no pensaba en ti.
Ya se me olvidó la forma de la curva de esa sonrisa
donde aquel día morí.
No me acordaba de qué color era tu mirada.
Ni del vals que desprendía tu alegría
cuando mi música se apagó.
Y un día mi piano sonó y recordé tu baile.
Corrí a buscarte como quien sabe que llega tarde.
Fue solo una sensación, no sabía dónde iba,
pero estaba segura de que tú también lo harías.
Nos cruzamos, nos rozamos
y saltaron chispas.
Ninguno podía dar marcha atrás.
La atracción no nos podía separar.
Y en ese instante lo supe,
supe que, sin decirme cómo te llamabas,

jamás había olvidado tu nombre.
Que siempre fuiste ese hombre con el que soñaba.
Que te puse mil rostros mientras llegabas,
pero eras tú la parte de mí que salió de viaje,
el equipaje del que allá donde la vida me llevaba,
nunca me olvidaba de coger.
Y ahora que has vuelto,
te juro que, aunque nuestro hilo esté suelto,
no te volveré a perder.

ALÉJAME DE MÍ

Empieza a anochecer.
Se acerca la hora de al fin poderle ver.
Esperaba tanto su visita que casi se me quita
esta sed de beberme sus labios.
¿A quién quiero engañar?
Ni el final de los besos infinitos me iba a saciar.
Suena el timbre.
Llega con prisa a mi vida y me pone una sonrisa
sin llegarme a rozar.
Le agarro de la camisa y le empiezo a besar.
Intento cerrar los ojos,
pero es imposible no dejarle de mirar.
Nos tumbamos en la alfombra
y esta se llena de pelusa al ver tanta felicidad.
Le empiezo a acariciar.
Invento nombres de constelaciones,
mientras tapo sus lunares con las yemas de mis dedos
y me pongo a suspirar.
Él es la mismísima Estrella Polar:
cuando pierdo el norte me guía
y me vuelvo a encontrar.
Pero no lo sabe,
porque me hago la dura mientras dura lo nuestro
y le demuestro que no me importaría
si se llegara a acabar.
No somos nada,
pero para mí lo es todo.

Maldigo estas modas
donde enamorarse está de más,
yo que siempre he llevado
sentimientos de invierno en los veranos,
donde todo empieza a sobrar.
Intento disimular
y le abro mis piernas, mientras le insinúo
que mi corazón cerró,
para que no se quiera alejar.
Me convenzo a mí misma de que conformarme
con esa situación es suficiente.
Mi mente no me cree,
pero yo no soy consecuente de que cuanto más
me fusione con su cuerpo,
y más me ilusione con el tiempo,
cuando se vaya seré una mitad,
vacía.
incompleta,
sin nada que la pueda llenar.
Le pido consejo al espejo, mientras me contesta
con mis lágrimas, que intentan asomarse
detrás del vapor que hemos dejado minutos atrás.
Estoy desnuda,
por dentro y por fuera,
y me visto con sonrisa de fuerza,
para volver a los brazos de él y susurrarle al oído,
mientras me congela su frío,
que mañana
querré volverle a ver.

IMPOSIBLE PERO REAL

Mi amor imposible,
que llegaste para irte,
tan intenso que no duró lo suficiente,
que lo exprimiste
y sólo me salpicó.
Que viniste a mi regazo,
para llenarme el corazón,
y cuando más rebosaba de ilusión,
lo partiste.
Desbordante,
inundó mis ojos de tristeza,
de un llanto de frustración.
Te quería y te quiero,
sin condición,
sin explicación.
Y cuando te veo cerca,
noto cómo te alejas cada vez
en cuerpo y ausencia,
porque dentro de tu ser
sigo estando viva.
Lo sé.
Sé que no me olvidas,
y que yo nunca lo haré.
Y que tenemos que seguir nuestras vidas,
haciéndonos desaparecer de nuestros pensamientos,
mientras sonreímos de mentira,

mientras asentimos,
cuando afirmamos que no nos conocemos.
Los dos lo sabemos.
Sabemos que lo nuestro nunca morirá,
que es un amor imposible,
pero también inmortal,
y mientras estoy en otro lugar,
que no te puedo decir,
le suplico al amor que te abrace por mí.
Y que cada vez que cierres los ojos,
me sientas dentro de ti,
o contigo.
Porque aunque no podamos estar juntos,
por algún motivo,
el olvido no podrá ganar.
Siempre serás mi pensamiento,
cada vez que sonrío,
cada vez que recuerde quién fue
el que me enseñó a amar.

NUESTROS RELOJES NUNCA DIERON LA MISMA HORA

Querer y no poder.
Qué injusta sensación.
Anteponer la decisión de hacer lo correcto,
lo que dicta la ley de nuestro intelecto,
antes que soplar el deseo
y correr tras él.
Y dejarse llevar
hacia la ruta donde nos indica el corazón,
que está la felicidad.
Pero no.
Preferimos no mirar
y echar la cara a un lado.
Porque hay que ser valientes,
para tenernos frente a frente
y no responder la llamada de nuestros labios,
ellos que son tan sabios,
pero no consecuentes,
y no quieren separarnos.
Y no les contestamos,
quizás por temor,
quizás por no provocar dolor,
nos tragamos el daño para nuestro interior.
Pero no es por falta de agallas,
porque hay que ser intrépidos,

para dejar que nuestro amor se vaya,
cuando no queremos hacerlo.
Querer y no poder,
quererte como yo quisiera.
Ojalá supiera cómo convertir esta tempestad,
que nos condena,
en un ligero aguacero,
y cobijarte,
y espantarte los miedos,
y poder ser cobardes,
para mirarnos fijamente y caer rendidos
ante el descuido que tuvo Cupido
de dispararnos la misma flecha,
en una fecha
en la que no coincidimos.

TE VEO CON LOS OJOS CERRADOS

Te veo.
En la dirección de mi mirada,
en mis sueños de madrugada,
en el recuerdo que mantiene viva la llama
que me quemó y me dejó marcada.
Te veo.
Aunque no estés en cuerpo,
tu alma sigue dentro de mi pecho
y te puedo sentir;
de hecho,
el sentido de mi existir
es la reminiscencia que no quiere salir
de mi cabeza,
para no perderte de cualquier manera,
para alimentarme de un sentimiento
que fue cimiento,
que fue sustento,
y hoy es cadena a la verdad,
fiel a mi necesidad
de necesitar lo que tuve entre mis brazos,
y se me escapó de las manos.
Pero te veo,
sabiendo que te has ido,
anhelando tu voz,

con el sonido de mi piano.
Pero mientras siga respirando,
no podré dejar de verte,
porque traspasaste mi piel,
y en mí sigues presente.
Y qué cruel es tu ausencia
que me destapa cada noche,
que me despierta a gritos con tu silencio,
que te pienso cuando me olvido del tiempo,
que sigue y corre,
aunque lo nuestro tuviera que parar.

PERDÓNAME

Perdóname.
Por llegar a tu vida y no quedarme.
Por quejarme de la adversidad
y rendirme antes de luchar.
Por no saciar tu hambre de enamorarte.
Por buscar excusas para no reconocer
que lo nuestro podría funcionar.
Por no quererlo intentar.
Perdóname.
Por no darte los buenos días
y las mejores noches.
Por no escuchar tus reproches,
porque sabía que tenían razón.
Por alejarme cuando estabas cerca
de meterte en mi corazón.
Perdóname.
Por ser cobarde.
Por llegar tarde a la hora de amar.
Por priorizar mi necesidad de sanar
para no contagiarte mis heridas,
para no cortarte con los puñales
que aún tengo clavados,
para no llenarte de sangre
con mis labios agrietados.
por culpa de haber besado bocas frías
que terminaron dándome de lado.

Perdóname.
Por prometerte un futuro
y convertirte en mi pasado.
Por haber obviado esa meta
que podíamos haber cruzado juntos.
Opté por un atajo que tú desconocías
y donde yo creía que iba a estar a salvo.
Perdóname.
Por no querer hacerte daño.
Por decirte adiós hoy para no llorar mañana
por haber alargado algo que estaba acabado,
como yo.
Es mejor olvidarnos hoy y no dentro de unos años
donde no te habré podido dar todo de mí.
Perdóname,
pero tengo que salir de tu orilla,
para dejarte respirar,
para no ahogarte más,
para que puedas salir a flote
y navegues hacia otro mar
donde el oleaje esté en paz,
donde la calma te lleve a atracar tu velero
en un lugar donde puedas empezar de cero
y conocer un nuevo amor,
que te enseñe que yo era solo un reflejo
que te confundió.
Perdóname tú,
porque yo no puedo.

LA TRISTE REALIDAD

Me dan pena estos tiempos
donde echar de menos no es un motivo para luchar.
Donde los corazones son fríos
y ya no quieren amar.
Donde la moda es de ir de boca en boca
con sabor a alcohol.
Donde se presume de ir sumando
la cantidad de sábanas diferentes
que se van arrugando,
y no de tener a alguien que te arrope
cuando todo se congela.
Donde todo se celebra con copas
y no se brinda por la celebración de un futuro.
Donde hacerse el duro e ignorar
es lo que deja marca.
Donde no se le escribe
a quien escribiría su vida contigo
por no borrar el orgullo.
Me da pena que hoy en día
haya más personas interesadas que interesantes.
Que lo de enamorarse,
se lo dejemos a las películas.
Y que el arte
son los filtros de Instagram.
Que los miedos no se afronten,
porque nos adaptamos a la comodidad.

Y que no nos damos cuenta
de que lo que más valor tiene
es lo que no tiene precio.
Que el sexo está bien,
no nos vamos a engañar,
pero eso te lo da cualquiera.
Y así,
ni la magia se crea,
ni disfrutamos de la ilusión.
Me da pena que esta vida sea tan pasajera
y que nos la follemos sin condón.

ELLA SIEMPRE SERÉ YO

Aunque estés con ella,
y le jures que es la más bella,
sé que mi nombre se pasea por tu cabeza
y te cruza los dedos.
Aunque pasees de su mano por la acera,
sé que sigues buscando mi portal,
por si soy yo la que baja las escaleras.
Que todavía te acuerdas del vaivén de mis caderas
cuando escuchábamos *rock and roll.*
Sé que sigues escuchando nuestra canción
a la misma hora que te solía llamar,
para escucharme de alguna manera.
Sé que cuando le gritas al mundo tu amor por ella
es porque no tienes valor de revelar que soy el secreto
que guarda tu corazón.
Sé que ella es el clavo que me iba a sacar,
pero no sirve, porque te supe atravesar.
Sé que piensas que nadie te llenará el vacío
que dejó mi barbilla cuando se acomodaba
en el hueco entre tu hombro y tu mejilla.
Que eres frágil sin mí,
porque con ella tus sentimientos son de cristal,
y tus recuerdos conmigo de acero,
Que pesan más
y no te dejan vivir.
Aunque estés con ella y pienses en mí,

acuérdate de que me fui, porque no me diste razones
para que me quisiera quedar.
Porque no supiste valorarme
y decidí poner alto el precio de vuelta,
quedarme a vivir en mi dignidad,
con el corazón más cerrado que la puerta,
para que jamás volvieras a entrar.

TU PARTIDA ME PARTIÓ LA VIDA

No importa que no estés,
me repito cada día,
porque se me ablandan las mejillas
cuando escucho tu nombre en algún lugar.
Que me quedo con lo que fuimos
antes del punto final.
Con besos que prometiste enseñarme
y no pasamos de la primera lección.
Me quedo con cada uno de tus ojos de arena
cuando cubrían la cal de mis penas
y me hacían gozar de cada rayo solar.
Me quedo con mi vida cuando estabas en ella
porque ya no me queda nada
desde que no estás.
Y no importa que no estés,
me vuelvo a repetir.
Porque si quisiste huir del mundo
que íbamos a crear
por miedo,
o indiferencia,
¿qué más da?
Quizás fuera porque era lo suficientemente buena
como para ser la reina de tu infierno,
Quizás porque soñaba tan alto

que me era imposible bajar al suelo para encontrarte.
Ya da igual.
Morí el día que te perdí,
y no importa que no estés.
Porque ese día mi alma me abandonó tras tu cuerpo,
porque sin verte, te sigo.
Porque allá donde estés,
yo estoy contigo.

VOLVERÍA A VOLAR EN TU CIELO DE TORMENTAS

Recuerdo aquel día
como si lo estuviera viendo ahora.
Oscuro,
desierto,
repleto de soledad,
como nosotros.
Fue un poco atrevido,
lo reconozco,
Pero no me arrepiento.
Los nervios no me dejaban decir todo lo que querían
hacerte mis labios,
pero tú comprendiste su lenguaje y te acercaste,
lentamente.
Tuve que sonreír y me besaste la sonrisa
con tanta fuerza,
que la hiciste permanente.
Dios, todavía recuerdo esos ojos azules
llenos de mar.
Allí podía correr en la superficie sin hundirme,
y nadar hacia su profundidad sin ahogarme.
Porque allí había calma,
había paz.
Me hiciste renacer cual Ave Fénix
para resurgir de mis cenizas

y volar,
y divisar nuevos horizontes
que nadie había conquistado antes.
Menudo paisaje dibujaste con ese color
con el que todo lo veías.
Me dabas tanto sin ser consciente
que te metiste en mi conciencia,
casi sin querer.
Iluminamos la luna llena mientras la cama
se deshacía una y otra vez.
Dormir contigo fue el más bonito sueño.
Notar tu respiración jugando con mi pelo
y el enredo de tus brazos con mi cuerpo,
me llenaban de calor.
Menudo recuerdo que solo se repitió
un par de veces más.
Y aunque no te pueda reprochar nada,
porque antes de hacerlo sabía todo lo que vendría,
es imposible no querer volver atrás y revivirte,
Porque cuando te llevan al cielo y planeas,
ya solo quieres volar.

FANTASEANDO CON TU FANTASMA

Eras mi vida
y yo quería vivirla.
Y por eso desde tu partida,
me he convertido en un fantasma
y voy vagando entre la penumbra
de los atardeceres del otoño,
buscando un alma cálida
que me devuelva la primavera;
caminando entre las aceras llenas de esas hojas secas
que lloraron aquellos árboles
por ser testigos de lo que ya no queda,
de algo que murió como un gusano de seda
al que le rompen su crisálida,
sin poder volar,
sin revolotear con un intercambio de miradas,
porque le cortaron las alas antes de poderlas crear.
Y tu miedo me dejó pálida.
Mi vuelo lo pilotaban tus manos
y no te atreviste a despegar.
Te aterrorizaba pensar que las turbulencias
nos iban a marear, o a estrellar.
Tú, tan de tener los pies en la tierra,
y yo, de soñar con llevarte a las nubes
y darles forma de corazón.

Te escondiste sin razón
y yo me cansé de mirar hacia todas partes
y no encontrarte,
de soñar con besarte y callar
para que se hiciera realidad.
Hoy le grito a tu silencio
para que el eco de mi voz me responda
que ya no estás,
que no estarás
y que nunca estuviste.
Que me vendiste un amor que no existe,
y mis ganas de conseguirte
lo creyeron real.
Y te pagué con mi alma.
Te lo di todo para ponerte a mi nombre,
pero no eras de verdad,
y me he quedado desnuda en las borrascas,
borracha de ilusiones para poderme abrigar
con resacas por culpa de la juerga de tu labia,
que me deja bañada en esa desazón,
que alude
mi ayer en tu cima,
y el hoy
en la repercusión de la caída.

MI AMULETO

Magia es haber perdido la ilusión,
la confianza,
y que aparezcas para devolverme la esperanza.
La magia
me la contagias cada amanecer,
con esas ganas de querer,
—de quererme—,
como si hubiéramos conocido
el amor por primera vez.
Y aunque no te pueda ver cada día,
eres todo lo que enfocan mis ojos.
Abriste mi corazón lleno de cerrojos,
porque el pasado todavía dolía.
Pero ahora más dolería
que no estuvieras en él,
que la lluvia de mis días,
de mis tormentas de tristeza,
la secaste en la última gota que colmaría el vaso.
Y por fin lo veo lleno,
para saciar mi sed en cada paso.
Has hecho que enero sea mi verano
y mi primavera tus manos cuando acarician mi pelo,
que tu olor es el aire fresco
que al respirarlo me da vida.
Porque cuando no estabas, me moría,
asfixiada y desangrada.

Y qué suerte la mía,
que cuando más agonizaba,
caíste del cielo para salvarme,
para liberarme de esta prisión sin salida,
de estar enjaulada con intención.
Y me has dado tus alas para compartir tu vuelo,
me has quitado la razón de mi desvelo.
Ya solo quiero dormir para volver a verte de nuevo.
Porque mientras nos despedimos con un beso,
ya te empiezo a echar de menos.
Y que el hecho de mi felicidad,
del latir en mi pecho,
es que no te vayas jamás.
Porque esta casualidad de encontrarte
se la pedí al destino,
cuando le supliqué que la suerte
apareciera en mi camino.

GUERRERA

Cuánta lujuria vi en sus piernas,
que ellas solas se abrían paso para seguir
el rastro que dejaba la felicidad.
Cuánta envidia sentía de su soledad,
que se convirtió en su compañera de vida
y no le hacía falta nada más.
Cuánta envidia sentía desde la sombra
que le hacía al sistema solar.
El amor de su vida
se hacía llamar.
Qué razón tenía.
Qué sabia era,
y no lo sabía.
Desconocía el mundo
que no quería girar alrededor de ella,
y eso le daba igual.
Cuánta valentía rebosaba
cuando su vida se tambaleaba,
y pisaba fuerte para que nadie la pudiera tirar.
Cuántos duelos le retaba la vida
y solo veía la opción de batallar,
sin más armas que un escudo
y sus dos manos para luchar.

HAZLO Y NO

Déjame rozar mi mano con la tuya
y hacer que se erice tu piel.
Déjame llevarte al cielo
para que bajemos juntos la luna llena.
Déjame hundir mi dedo en tu rostro
para provocarte una sonrisa.
Déjame hacerle cosquillas a tu tristeza
para que no pares de reír.
Déjame invocar a la brisa
para que te apacigüe los miedos.
Déjame hacer que los miedos se extingan
porque no haya motivos para sufrir.
Déjame ser la musa de tu diario
y el santuario donde suplicas que todo salga bien.
Déjame ser esa explosión
que te provoque un universo de querer, de quererte.
Déjame ser la mecha que te prenda la llama del amor
y el combustible que te empuje cuando tengas
que iniciar una nueva oportunidad.
Déjame ser el refugio
donde tus luchas internas encuentren la paz.
La que te haga brillar
cuando todo se apague a tu alrededor.
Déjame ser,
pero no me dejes.

EL CULPABLE FUISTE TÚ

No te confundas:
que se fuera
fue elección tuya.
Porque nadie elige irse
si está en el lugar
donde le sobra todo lo demás.

EXTRAÑO TUS ENGAÑOS

Te echo de menos.
Una vez más,
porque mi corazón me habla
y discute con tu silencio.
Porque soy frágil y te pienso,
porque te amé tan intenso
que gasté todas mis fuerzas.
Y tú ni te esfuerzas en olvidarme.
porque fui un lapsus en tu memoria,
y yo pensando qué historia reescribir
para poder borrarte de mi juicio,
que me ha sentenciado,
y castigado,
con este desquicio que padezco al vivir sin ti.
Te extraño.
Es muy extraño,
porque a pesar del daño, me volvería a romper,
porque aún me queda piel
para otra cicatriz.
Que el hecho de echarte de menos
no me deja de advertir
que quizás entre tus mentiras
algo fue verdadero.
Y que no respiras un aire nuevo,
lejos de mi compañía.
Pero tus hazañas no engañan,

y aunque obvie reconocerlo,
lo único cierto en lo nuestro
fue que mi amor era honesto,
y el tuyo,
una mera ilusión que nunca existió.

NI TÚ MI PRÍNCIPE, NI YO TU PRINCESA

Deja de llamarme mi princesa.
No soy una de ellas.
Deja de contarme cuentos,
que aquí la que escribe soy yo.
No dependo de ningún príncipe ni caballero
para comerme el mundo entero.
No necesito la gracia de bufones para reír.
No necesito besos para despertar de un día gris.
Soy más de besar sapos,
devolverlos a su charca
y que sigan así,
sin convertirse en nada peor.
No necesito que luchen por mí contra dragones
cuando puedo subir a sus lomos y volar
tan alto como quiera.
Como si yo no supiera llevar mis correas.
No necesito vestidos elegantes
para ser consciente de lo bella que soy.
Ni zapatos de cristal
para que me levanten y estar a la altura
de lo que me rodea.
Ni rodearme de enanos
para sentirme superior.
Tampoco necesito un castillo

que me esconda del exterior
cuando me faltan tantos caminos por descubrir.
No quiero coronas,
porque las gorras me sientan mejor.
Deja de llamarme mi princesa,
porque la reina de mi vida
siempre seré yo.

BUSCANDO A CIEGAS TU RASTRO

Voy buscando y no sé el qué.
Quizás una rosa en el asfalto de tu piel.
Quizás un aliento de esperanza entre tanta guerra
que me da tu querer a medias.
Quizás un final feliz entre tanta tragedia.
O mejor, que no haya fin.
Voy buscando una falsa promesa
donde agarrarme,
donde creer,
donde la conciencia no me juegue
una mala pasada,
donde después de tanta arcada
no te devuelva mis mariposas,
y pueda sentirme bien.
Pero voy buscando algo más,
y no sé por qué.
Quizás te sigo buscando después de encontrarte.
Quizás lo que hallo es una verdad que no quiero creer.
Y sigo buscando, y buscaré
hasta que consiga chocarme contigo
y que tú me busques también.

FRENAR PARA AVANZAR

A veces no hay vez en la que el amor
no te destiña el alma.
A veces es mejor reconocer que se acabó
y pasar página.
A veces hay que dejar de coser lo que se rompió
en mil añicos y tirarlo.
No intentar arreglarlo,
porque hay pedazos que se perdieron en el ayer.
A veces es mejor no forzar la situación,
dejar de ser débil,
dejar la solución sin despejar
y armarse de coraje para decir que no,
que esta vez no.
Que nada cambiará.
Que lo que está muerto
hay que enterrarlo en el pasado,
y renacer.
A veces hay que dejar florecer nuevos brotes
por descubrir
y dejar de regar lo que se secó para siempre.
A veces hay que admitir,
que aceptar,
que afrontar nuevos retos,
que dejar atrás los restos que se han descompuesto,
junto al miedo por lo que vendrá.
A veces hay que llorar un momento,

elegir el sufrimiento pasajero
y decir adiós,
para poder reír después,
para que la felicidad
vuelva a venir otra vez.

ACARICIARTE

Hoy quiero acariciarte otra vez,
por eso te escribo.
No sé si conseguiré que te llegue mi poesía
cuando solo te quiero besar.
Tuve que cambiar los besos que te daría y no puedo
por estos versos de echarte de menos.
Hoy pienso en ti de nuevo,
y ojalá tú también lo estés haciendo.
Hoy pienso en esa sonrisa clandestina de la que juré
no enamorarme.
Pero jugué con fuego y me quemé,
y es tan difícil no quedarme prendida
entre tus brazos,
que cuando no estás
mi llama sigue encendida,
y la tuya la tienes que soplar
para que no se pueda ver.
Porque existen impedimentos,
porque lo nuestro nació en un momento intempestivo,
en mitad de un amor recorriendo un camino
donde mi atajo me llevó a tu paso.
Hoy quiero escribirte y me cohíbo,
quiero morderte los labios, pero me muerdo el mío,
para no llamarte.
Que lo peor de ser amantes
es enamorarme de ti mientras te mantienes distante.

Hoy quiero hacerte el amor en todos los sentidos,
poder desnudarte
y también arroparte.
Pasear de tu mano los domingos,
sin escondernos,
sin encubrirnos.
Hoy muero de celos,
porque no soy yo la que está contigo.
Porque no soy yo la que te espera
después del trabajo con una copa de vino.
Porque no soy yo quien te hace sentir bello
cada despertar,
ni quien te agita el cabello para hacerte rabiar.
Hoy te escribo para guardar nuestro secreto,
para que nuestro próximo encuentro
no tarde en llegar.
Hoy te escribo para que sepas que aquí sigo,
que te vuelvo a esperar
donde siempre, para siempre,
no te dejaré de acariciar.

RETENERSE PARA NO QUERERSE

Impotencia,
por no poder estar contigo
cuando tu conciencia sí lo está.
Que me piensas sin darte cuenta,
que recuerdas que era especial,
que caminas hacia delante y miras hacia atrás,
para encontrarme en el pasado,
para conformarte con lo que te he dado,
pero te puedo dar más.
Y no lo quieres coger.
No me quieres tener.
Me dejas en el ayer
mientras planeas un mañana sin mí,
mientras me borras de esos planes que íbamos a vivir.
Te obligas a hacerlo.
Cierras la boca para no decir mi nombre,
para retener un beso que quedó en el aire
y un futuro perfecto que se quedó sin conjugar.
Para no hablar de mí y tenerme ausente,
mientras presientes que es mejor el fin.
¿Por qué eres así?
¿Por qué te alejas si cuando me tienes cerca
no puedes evitar sonreír?
Prefieres ser infeliz antes que luchar,

que guiarte por tu sentir,
que tirarte a la piscina y dejar que te salve la vida.
Prefieres llorar cada noche y tomar tu soledad
como consejera,
antes de hacerme pasajera de tu viaje,
sin más equipaje que querernos,
sin más destino que ser eternos.

ADMIRÁNDONOS DE REOJO

Conciertos,
fotografías,
mensajes,
a escondidas.
Son los únicos lugares donde poder encontrarte.
Me pongo delante del teléfono
y espero,
espero a que ella se vaya,
para que tu nombre aparezca en mi pantalla.
Estar a un paso de que crezca algo entre nosotros,
y cuántos kilómetros de problemas nos separan,
que hacen vernos más pequeños.
Tú eres el título de mis poemas,
y yo, quien aparece en tu cabeza cuando cantas.
A veces nos cruzamos por las aceras,
y también lo hacen nuestras miradas.
Pero qué lejos estamos el uno del otro,
Qué putada tener que mirarnos de reojo
cuando cerramos los ojos en la cama
y nos imaginamos bajo las sábanas,
sudando la tentación
besando cada una de las ganas que nos tenemos,
y desnudando el disfraz de lo prohibido.
Abrazamos el frío resquemor que sentimos
para poder hacer el amor y que él nos haga.
Pero solo es fruto de nuestra imaginación.

Ojalá poder subirle la temperatura a nuestro corazón
para que su llama nos siga dando el mismo calor,
solo a los dos.
Porque estos sentimientos los alimenta el mismo sol,
los guía la misma luz,
y aunque lo justo nos impida estar juntos,
seguiré incendiando cada oportunidad,
para que enciendas tu mecha por mí.
Y mientras, me estaré quemando entre mi fuego,
por no poderte sentir.

EL POETA SE OLVIDÓ DE SUS LETRAS CONMIGO

Dos copas de vino
que se vacían con los tragos de nuestras locuras.
Manchas en tu piel
del carmín de mi sed de cordura,
que se aleja cuando te tengo a mi lado.
Y es temprano,
para volverme loca por ti.
Es inhumano
vivir respirando el aire que sale de tu boca,
pero soy incapaz de parar,
de dejar de restar el tiempo que queda
hasta que te quieras marchar.
No lo hagas.
No te vayas.
Escribe tu destino en mis senos,
y tu meta alrededor de mi ombligo.
Que mi cuerpo sea ese cuaderno
donde lloras tus penas los domingos,
y la sangre de mis venas el veneno,
que mate cada una de las cadenas
que no te dejen seguir.
Deja de convertirme en aquel cometa que es fugaz
y hazme tuya como esa luna a la que aúllas
y no dejas de mirar.

La que suba la marea de tu orgullo,
la que alumbre tu oscuridad.
Déjame asesinar a tu poeta,
encarcelar a tus letras
y cambiar cada una de las historias
que le cuentas a tu libreta
por noches en vela,
por donde el insomnio sea de olvidarnos de dormir,
por abrirte la bragueta y no la tristeza,
por convertir cada lágrima en el papel,
y cada libro por escribir,
En un extravío,
en un río de recuerdos desembocando en el olvido,
que ya no se ven porque están cubiertos
de nuestros polvos por echar,
de nuestros planes por hacer
y por los cientos de kilómetros de nuestra piel,
que nos quedan por recorrer.

PANDEMIA DE CORAZÓN

Cuando todo esto acabe,
que acabará,
prometo que no habrá más excusas,
prometo que todo el tiempo que nos hemos abrazado
en la distancia lo multiplicaré por caricias en tu piel.
Que nos tomaremos ese café,
o esa botella de vino,
y nos acordaremos de hoy como ese ayer lejano
que nos hizo estar más unidos.
Que saldré a pasear y te buscaré,
que no te saludaré más con la mano,
te la daré.
Que aprovecharé cada segundo contigo.
Que venceré mis miedos como hemos vencido
a este enemigo que nos quería romper,
ese que nos hacía perder la esperanza
de volvernos a ver.
Prometo que seguiré pensándote desde el amanecer,
como estos días repetidos sin saber qué hacer
donde más presente te he tenido.
Que no poder correr hacia tus brazos
me ha hecho entender
que sin ellos soy un ser de mil pedazos
que no se sabe recomponer.
Y lucharé ante cualquier abismo
que se quiera interponer entre nosotros,

Y te agarraré para que nadie
nos vuelva a separar.
Cuando todo esto acabe,
te prometo que será nuestro comienzo
y que nunca habrá un final.

SUS POESÍAS ME LAS PASO POR DEBAJO DE LAS MÍAS

El chico de las poesías vino a verme.
Siempre quise conocerle,
leerle a él y dejar a un lado sus libros,
cambiar el papel por su piel,
sus letras por su voz.
demostrarle que me importa una mierda
su eminencia, su exterior.
Que quiero respirar lo que hay
tras sus aires de escritor.
Que firme con sus dedos
cada centímetro de mi cuerpo.
Que sus ojos afronten los miedos
y me deje entrar en ellos.
Que el vino sea lo segundo que bebamos
cuando estemos borrachos de pasión.
Que el piano pase a un segundo plano,
y el concierto lo den nuestros labios
mientras follamos encima del teclado.
Pero el chico de las poesías huía de aquello
para no querer verme después.
Porque en su realidad no existía otra vez
en la que pudiéramos repetir,
a pesar de que en la mía cualquier excusa
nos iba a unir,

si nos dejáramos llevar,
si nos dejásemos de reprimir.

TODOS SOMOS MUNDO

Hoy el mundo ha echado la persiana.
En las mañanas ya no brilla el sol.
Las montañas ya no tienen banderas,
y las fronteras aíslan cada nación.
Los parques se han apagado,
porque les falta la luz de sus niños,
y el cariño de un abrazo
se ha convertido en rechazo por temor.
Los héroes tienen bata blanca,
y los valientes tienen fiebre y tos.
El ejército está en su casa,
para ganarle la batalla a ese invisible dictador.
Los besos se tapan con mascarilla,
y el aire sopla una pesadilla.
Los líderes visten uniforme,
y en cada informe vemos cómo la muerte se desveló.
Pero en los balcones se asoma la esperanza,
y las terrazas aplauden a quien sale a pelear,
cuerpo a cuerpo,
con miedo dentro,
pero dispuestos a ganar.
Hoy el mundo está contento,
porque somos él contra uno,
porque a pesar de que alguno se quede atrás,
todos unidos podremos ganar.

FUTURO ES PASADO

Si algún día decides volver,
ya no te estaré esperando,
ya no temblaré al verte,
porque mi mente te habrá olvidado.
Si algún día decides volver,
se habrá ido este querer,
habré aprendido a no responder
la llamada del ayer que me estaba asfixiando.
Me habré cansado de perder
y habré encontrado otra piel
que me deje tatuada.
Si algún día decides volver
a aquel lugar donde me dejaste plantada,
ya no seguiré allí suplicando tu regreso.
Estaré caminando lejos de tus pasos,
borrando de mis labios
nuestro último beso.
Si algún día decides volver,
no vuelvas, será tarde.
Tu tiempo habrá acabado.
Porque si te marchaste sin ser echado,
aunque te arrepientas,
aunque vuelvas,
solo podrás encontrarme
en tu pasado.

HE SOÑADO CONTIGO

Esta noche he soñado contigo.
Me has abrazado y te he sentido.
He sentido el calor de tus brazos.
He escuchado la sabiduría de tus palabras.
He vuelto a mi niñez,
cuando todavía estabas.
He podido respirar tu fragancia
y la elegancia de tu piel.
Me has sonreído,
y he vuelto a nacer.
Desde que te fuiste,
he estado llamando al cielo,
para poder verte de nuevo.
Y esta noche has venido a mi sueño.
Has venido a decirme que todo va a ir bien,
que tú eres feliz
y que mi vida aquí tiene que seguir.
Que nuestro próximo encuentro tardará,
pero que estarás allí, paciente,
que me esperarás,
como yo te he estado esperando
todos estos años atrás.
Cuánta falta me haces.
Cuánto me ha faltado contarte.
Cuántos desayunos en la costa
se nos han quedado en el aire.

Pero esta noche he sentido una parte de ti.
Me has dado la mano
y te he visto sonreír.
He viajado al pasado,
cuando éramos uno contra todo,
cuando el oro de tu boca me sacaba del lodo,
cuando a pesar de ser pequeña,
tú me hacías grande,
y sólo con tu voz
me hacías levantarme del suelo.
Te echo de menos,
pero volveremos a vernos.
Allí donde estés,
te quiero,
abuelo.

BRILLAMOS EN SU OSCURIDAD

Me dice que apaguemos la luz,
que bebamos a oscuras.
Y cuando otras pensarían que es una dulzura,
yo veo locura en su intención.
Pero yo dejé de estar cuerda hace tiempo,
y lo que él no sabe
es que en la oscuridad le puedo ver mejor.
Que puedo hacer una hoguera
con cada uno de sus miedos,
para derretir el hielo de su piel,
y que sienta así mi tacto,
que siga así mi rastro,
porque la luz ciega,
y no se puede mirar de frente al sol.
En cambio, cuando hay luna,
el fuego brilla más.
Me dice que huya,
que terminaría ahogándome,
que salga a respirar,
que sería de locos quedarme
a desvelarme y a emborracharme
con su soledad.
Pero me encanta ser esa loca,
Que le calle la boca de una vez,

y que su noche sea el resto de mis días,
porque la comparte junto a mí,
Y que respiremos el mismo aire de esa penumbra,
que cuando estamos juntos
nos hace relucir.

MAL MOMENTO PARA SENTIMIENTOS

Le conocí cuando estaba atada,
cuando mis pies descansaban
de la última carrera.
Cuando la jaqueca de mi cabeza
aún me recordaba el éxtasis que acabó.
Cuando ya no me quedaba
ni una calada de esperanza
que aspirar,
ni un gramo de ganas
que esnifarme antes de dormir.
Cuando mis sentimientos tenían
la batería medio cargada,
y mi coraza
estrenaba su relucir.
Cuando perdí una guerra que creía ganada,
y por confiar
me atacaron por la espalda.
Cuando hice un pacto con la soledad,
para no volver a sufrir.
Cuando taché al amor de mi agenda
y juré no volver a salir a su encuentro.
Jamás fui puntual, supongo,
y por eso nunca fue mi momento.
Le conocí cuando estaba uniendo mis piezas,

cuando en mi rompecabezas
no encajaba ninguna más.
Cuando le comparaba con el resto,
aun sabiendo,
que él no era igual.
Pero ya no tenía arma para luchar
y me rendí antes de dejarle ganar.
Porque me acojonaba pensar
que al acercarle a mí estando rota,
sólo le podría lesionar.

INCERTIDUMBRE EN LA CUMBRE

Aún no te he visto.
Todavía no te conozco,
ni sé cuándo lo haré.
No sé cuándo me desvestiré ante ti,
ni cuándo te daré los besos que prometí.
No sé cuándo podré dormir con tu brazo
rodeando mi cintura,
ni estoy segura de si conseguiremos dormir.
No sé si cumpliré tus expectativas,
si mi saliva tendrá el sabor que endulce tu corazón.
Tampoco sé si podré llegar a ser tu joya más preciada,
ni si tu almohada te hablará de mí
cuando no tengas sueño.
No sé si serás el dueño de mi pensamiento
cada mañana,
o en cada momento que esté feliz.
No sé cómo serás,
si seremos uno,
o si seremos otro pasatiempo más.
Pero lo que sí sé es que deseo que corra el tiempo
hasta que nuestro encuentro llegue.
Sé que, aunque lo niegue,
quiero romper la barrera de seguridad.
No sé qué pasará,

pero ahora, aunque la distancia nos separa,
me acompañas cada día
en mi despertar
y en mi sonrisa,
sin tan siquiera haberme llegado a tocar.

CONFESIÓN 1: MI MAYOR ENEMIGO

Me despierto y me señalas
cada día, cada mañana.
Me intentas convencer de que no valgo nada.
Que mi cara es un cincel que escribe mil defectos
y mi cuerpo,
una armonía desproporcionada.
Me hundes con tu mirada y lloras a mi vez.
Te quiero romper, pero me detengo y te observo.
No puedo apartarte de mi sien.
Yo te doy el puñal y tú me lo clavas.
Yo te doy el arma y tú pones las balas.
Me matas con tu reflejo,
aclarando mi realidad.
Eres ese espejo que me sentencia
a no poderme valorar.
Te odio porque me haces odiarme,
porque me haces dudar de si son verdad
las palabras bonitas que me venden.
En ti veo una imagen llena de taras,
una talla enorme que no encaja
en mi treinta y seis.
Me quitas las ganas de comer,
me obligas a devolver si lo hago,
o no trago para escupir después.

Intento deshacer el nudo de mi garganta,
mientras mis lágrimas saltan,
mientras el retrete me llama
para tirar en él mis complejos.
Puto espejo, lo que me haces hacer.
Me insultas, me juzgas,
me muestras que cualquier mujer es más bella que yo,
que cualquier otra figura es la mejor.
Me haces esconderme tras mi falso autoamor
con el que disfrazo mi grima,
con el que calzo mi autoestima para dejarla de pisar.
Pero es una mentira no reconocer que te creo.
Que tu seguridad provoca mi inseguridad.
Que eres mi amigo y no me mientes,
y mis enemigos son los demás.
Que la falsedad está en los elogios de la gente,
y no en tu realidad.
Tú eres sincero y por eso me hieres.
No me quiero, pero me da igual.
Tengo fe y lucharé.
Y el día que contemos los huesos de mi cuerpo,
tú me aplaudirás orgulloso,
y yo de una vez por todas,
sonreiré.

FINGIR QUE EL ADIÓS FUE LO MEJOR

¿Y si hacemos como que no nos queremos?
Quizás será más fácil cuando volvamos a vernos.
Juramos ser eternos,
y nos castigaron por jurar.
Pagamos alto el precio
por regalarnos nuestro tiempo,
y no saberlo aprovechar.
El nosotros se ha dividido en dos cuerpos
que hacen opuestos recorridos.
Pero a pesar de la lejanía y del espacio que los separa,
siempre irán unidos porque los habita el mismo alma.
A pesar de la distancia
y de cada circunstancia que suceda.
A pesar de amarnos más que cualquiera,
jamás podremos estar juntos,
jamás podremos hacernos felices.
Seremos como esas cicatrices que nunca se van,
pero mencionan que dolió.
Que dolemos sin nos tenemos.
Que es imposible borrar los recuerdos
que nos marcaron tan adentro.
Que fueron sinceros nuestros «te quiero».
Pero nos merecemos sonreír de nuevo
y que el amor deje el gris,

para ver color sin explicación en cada matiz.
Suerte, mi amor.
Sé feliz con otra,
pero recuerda que no habrá otra
que te quiera más que yo.

LA VIDA ESTÁ EN DEUDA CONMIGO

Algún día serás mío.
¿Cómo estás tan segura?
Porque mi vida ya ha sido lo bastante dura,
y me hace falta poco para morirme por alguien como tú.
Porque me cansé de fingir mi sonrisa,
y soñar con la luz de la luna desde mi ventana.
Porque me rendí de suplicarle al cielo
que subiera la persiana y me hiciera vivir allí.
Perdí la esperanza, gané desconfianza,
aprendí que sufrir era lo que me tocaba.
Porque siempre entre lágrimas me consolaba tu mirada,
aunque nunca antes la vi.
Porque me convencí de que detrás de tanta tormenta,
el paraíso me esperaba.
Y apareciste y lo entendí.
Entendí que ese era el precio que tendría mi felicidad:
llorar para reír, romperse para volver a amar
y valorar lo que lo merece de verdad.
Tuve que caerme mil veces para levantarme
a tu lado un día.
Tuve que pasar horas escondida
para llegar a tu vida a tiempo.
Siempre me dijeron que el destino me compensaría
cada cosa mala con la mejor,

y por eso estoy segura.
Porque desde que llegaste,
ya conozco el precio del sol.

CARTA AL AMOR (DEL LIBRO *POESÍA ÁCIDA)*

Querido amor:

Todavía no nos conocemos,
pero me han hablado tanto de ti que ya fantaseo
con tu existencia.
He respirado tantas veces tu esencia que a menudo
me llena la certeza de que puedas ser real.
Me han vendido tu razón con tantos besos
que casi te he llegado a sentir.
Y en la soledad de mis desvelos, te deseo,
anhelo que me embriagues de tu sabor.
Ansío que tu fruto sea verdadero y que culmines
mis momentos de temor.
Que si me late más rápido el corazón sea
porque has pecado en él
y lo hayas anudado con el sol.
Que estos amaneceres ya no sean grises,
porque tu fusión con mi alma los llenó de color.
Que transformes el ayer que se entierra bajo mi piel
en un futuro que olvidó el pasado,
porque se enamoró del querer.

CARTA AL AMOR 2

Querido amor:

Hoy te escribo por segunda vez,
porque ayer te vi sin conocerte.
Pero te sentí,
noté tu emoción.
Pensarás que estoy loca, pero sabía que eras tú
por cómo me mirabas a través de esos ojos
en los que no quería dejar de perderme.
Sabía que eras tú, porque la luna llena
no tenía la misma luz de siempre.
Esa sonrisa donde estabas
la hacía indiferente sin querer.
Me bastaron unas horas para creer en ti,
unos instantes para saber
que quiero vivir contigo presente.
Por eso te pido perdón
por haber desconfiado de tu existencia,
por haber falsificado tu identidad
desde la inocencia de mis días.
Pensé que eras tú quien me había roto el corazón,
quien hizo malabares con mi vida.
Pero no, tú no eres así.
Y estoy segura, porque lo que sentí anoche
en aquel coche
es el otro extremo de todo lo que sufrí.

Allí había una conexión tan mágica
que ahora no dejo de buscar
el truco entre mis lágrimas.
No comprendo por qué has traído
contigo de la mano
esta trágica sensación de creer que vivo
en un sueño del que estoy a punto de despertar,
de sentirme muerta de miedo
por haberte tenido entre mis manos
y quizás echarte de menos
sin poderte disfrutar todo lo que quiero.
Pero ojalá, amor,
ya haya llegado mi hora
y te quedes a vivir en mis raíces,
y cubras las cicatrices de mis entrañas
de una nueva ilusión.
Por favor, no me dejes ahora,
no te vayas,
que aunque te juzgué sin saber,
te juro que con la personificación de tus besos,
que todavía siento en los labios,
he aprendido la lección.
Y si te quedas, te prometo devolverte tu amor
en la misma proporción en la que te dudé.
Quédate, recorramos juntos un camino
donde la felicidad nos envidie a los dos.

EL FLECHAZO QUE RESULTÓ SER HACHAZO

Nunca creí en los flechazos.
Nunca creí que los lazos se creaban de la nada
cuando las dos personas acertadas cruzaban sus miradas.
Nunca creí en el amor.
Nunca creí en la existencia de esa sensación
de que te impacte en el alma un estallido de dolor
por temor a dejar de sentirlo.
Nunca creí que era posible hacer el amor
con un desconocido.
Nunca creí que el romanticismo del cine y de los libros
podría sucederme a mí alguna vez.
Ni que la realidad sobrepasara lo que tanto soñaba
y yo siempre anhelé.
Nunca creí y nunca confié.
Hasta que ese día noté una alineación
en nuestras mentes,
noté un nuevo universo cuando estábamos
frente a frente.
El horizonte se borró para hacer una fusión permanente de
nuestro corazón con el cielo.
Y el suelo ahora yace ausente,
porque vivo en la nube que más sube
y no me quiero bajar.
Quizás sea temporal y venga una tempestad

que se la lleve y me estampe,
pero jamás tuve tanta claridad dentro como ahora
que muero por hacerla mi hogar.
Nunca me creí capaz de apostar a sabiendas
que perder sería más fácil que ganar.
Nunca me creí capaz de lidiar una guerra
pudiendo conformarme con la paz.
Nunca antes deseé que mi deseo en tu cuello
se hiciera realidad.
Nunca creí que parte una parte de mí
habitaba en otro lugar, dentro de ti.

CUANDO ESTÁS EN LA CIMA, LA HOSTIA PUEDE SER MORTAL

Me llevó al pico más alto de su universo.
Qué poco le costó conseguirlo.
Le bastó con regalarme mentiras
que mientras me llenaban de heridas,
yo las iba creyendo.
Me encantaban las vistas,
jamás vi nada igual.
Desde allí lo demás se divisaba pequeño.
Era el dueño de mi mundo y yo una esclava más.
Que tan rotundo fue su castigo por mirarse el ombligo y ponerme su espalda en frente.
Que cuando tuve la oportunidad de clavarle el puñal, no me lo pensé dos veces y le besé.
No fui consecuente.
Sus besos contaminaron mis labios
y ya no pudieron hablar.
Mi carisma se extinguió,
mi estrella se apagó
y el brillo de mis ojos se perdía
en los tonos de la noche.
Una parte de mi murió con él.
La otra no vive conmigo.

Y me pregunto día a día el porqué.
¿Por qué ha tenido que impulsarme hacia arriba,
para luego dejarme caer?

OTRA MÁS DE TU AGENDA

A un paso de enamorarme,
pero ojalá no lo haga.
Quiero sentir cosquillas en la espalda
y un nudo en la garganta cuando me trague tu saliva.
Pero no saldría viva de esto.
Me creería tus mentiras,
mi pecho daría por hecho que lo son,
pero mi corazón cerraría los ojos para no verlo.
Y fingir,
y callar,
y morir,
y encerrar mi libertad para darte la tuya,
y amarrarme a tus cadenas para ir detrás de ti,
mientras tú ni te interesas por saber si sigo ahí,
ni por alimentar mi necesidad de sentirte,
ni por abrirte a mí cada vez que te busco
y lo único que encuentro es tu boca cerrada,
y tus manos quietas.
Llenarás de grietas esos recuerdos
donde me perderé constantemente al verte sonreír.
Y veré que no soy el motivo,
cuando antes dirías estar vivo gracias a mí.
Por ese pasado que habrás olvidado,
pero que para mí no habrá llegado al fin.
No entenderé por qué, pero te pensaré,
y a tu mente ya no le enseñarás mi nombre,

porque como cada hombre
seré tu deseo pasajero,
el objetivo de una noche cualquiera
a la que entregar tu corazón de plástico.
Otra réplica,
otro momento fantástico como los demás.
Y yo, como una tonta, me enamoraré,
me entregaré a ti,
y tú me habrás tachado de la lista,
de tus polvos por cumplir.

SIEMPRE FUI PERENNE A TI

Soy el otoño llorando cada recuerdo
que colgaste en mi espejismo.
En un pestañear,
tus ojos fueron el huracán que me dejó desnuda
en mitad del jardín de ese paraíso
que me prometían tus manos.
Y dejaste de rozarte con mi piel,
rompiste el tacto que me hacía florecer,
y me has convertido en esa hoja seca,
quebrada,
apagada,
la que solo vive cuando el viento
la mueve a sus anchas,
la que anhela su color
y la rama tan alta donde vivió,
donde se creía invencible,
porque a pesar de mil tormentas,
estaba sujeta a esa exactitud para la que nació.
Pero lo único perenne de nuestro amor
resultó ser el mío.
El tuyo caducó antes de que yo lo pudiera consumir.
Pero no olvides que una vez te pertenecí,
aunque al tiempo me soltaras.
Y a pesar de que este mundo no quiera
que volvamos a coincidir,
siempre habrá un nudo imaginario dentro de mi raíz

que mantenga mi juicio cumpliendo cadena perpetua,
porque siempre siga unido a ti.

MEZCLANDO PIELES

Yo veo canela en tu piel,
un mapa para dibujar caricias en tu espalda
y una tierra en tus ojos donde plantar mi bandera.
Veo en tus labios un jardín de rosas sin espinas,
en tu voz la música con la que se amansa mi fiera.
Donde tú ves defectos,
yo veo motivos que forrar con sentimientos
y que dejen de existir.
Veo elixir en tu labia,
una calma a mi rabia cuando me froto con tu tez,
un canto celestial de tu risa
que hace enmudecer a mis demonios.
Te veo a ti cuando busco la magia,
cuando el espejo me contagia su felicidad.
Veo laderas de paz cada vez que mis caderas
se mueven al compás de tu respiración agitada.
Veo la fachada más hermosa,
pero si veo tu interior también,
esta se queda atrás.
Veo el único tren en el que quiero descarrilar,
cada oportunidad que di por perdida,
las cien heridas que sané,
la venganza al dolor del pasado,
la esperanza del amor soñado.
Veo mi mundo dando vueltas sobre tu edén.

CAÍDA LIBRE

Llovía en mi alma.
La calma no lograba amanecer
y el silencio del anochecer
callaba los suspiros del ayer anhelando la mañana.
La luz ya no existía,
la noche se hizo mi amiga.
Desde el borde del acantilado
la pedía a la valentía que me hiciera caer.
Y allí me respondió el eco de mi voz de cobarde,
el llanto que me provocaba el vértigo por tirarme,
y me armé con el coraje que me dio tu quebranto.
Me lancé temblando
hacia el encanto que idealicé de tu persona,
que resultó ser hueco vacío de mi sueño,
pequeño polvo nocivo que al respirarlo me avivó.
Y esa vida no la quiero yo.
Prefiero la muerte del resto de mis días
y abalanzarme desde la cima para encontrarte.
Aunque seas quimera,
y yo tan real,
jamás tuve tan grande certeza
de que me quisiera estampar.

CONTROLADOR ETÉREO

El poder de tu sonrisa
esclarece mi amanecer.
Me hace adicta a ese calor
que desprende tu piel,
a esa miel de tus labios convexos
que con besos quiero relamer.
El poder de sentir tu pecho contra el mío
provoca mi gravitar en torno a ti,
a sentirte siempre cerca,
a sabiendas que la distancia es quien decreta
este sinvivir cuando te vas.
El poder que tiene tu esencia,
tu presencia, a pesar de ser efímera,
tiene una potencia tan brutal
que cuando no estás,
mis ganas de sentirte te evocan
y mi boca proclama tu nombre rogando que vuelvas.
El no poder devorar cada kilómetro que nos distancia,
y construir nuestra estancia con ellos,
inunda mi ilusión de tristeza.
El poder sólo tenerte en mi cabeza,
y no a mi lado en el colchón,
el querer conocer tu interior,
el verte esporádicamente,
me están frenando el corazón.
Pero el poder de esta locura es mayor.

Podría seguir admirándote desde lejos,
hasta que mi tiempo y tu reloj
corrieran en la misma dirección.

UNA HISTORIA DE AMOR EFÍMERA

Como Adán y Eva en un edén temporal,
como sentirme en una nube que nunca supe
que fue huracán.
Hicimos arte con nuestros cuerpos,
creamos amor en un breve espacio de tiempo.
Qué fugaces fueron los miles de besos
que solo pude darte.
Qué rápidos se fueron los buenos despertares
frente a tu silencio.
Y esos abrazos…
Dichosos esos brazos que me encajaban a tu ser.
Maldita sonrisa que me proyectaba de luz
y se fue dejándome este oscurecer.
No sé si te volveré a ver.
No sé si voltearás otra vez la página
que marcamos para leer en los próximos cuatro años.
Puede ser que pueda ser yo
la que haga crecer el niño de tu interior,
la que lo lleve a pasear de la mano junto a mi ilusión
por verlo enamorarse de mi imperfección.
Quien le enseñe que se puede ser mayor a veces
y estar presente siempre.
Como aquel faro alumbraste mi rumbo,
yo que caminaba torpe entre las rocas,

a tu lado un solo segundo
conseguía hacerme recorrer el mundo
volando en un pestañeo.
Quiero quedarme justo ahí,
en esos ojos sin abrir,
en ese sueño sin fin donde somos eternos
y no hay kilómetros de infierno que nos alejen,
ni relojes que avancen por rincones diferentes.
Mejor así, mi Adán.
Ojalá tú y yo hasta el final
en nuestro pequeño paraíso,
nuestros pasos al unísono,
alejados de todo mal,
ajenos a la adversidad,
riéndonos al ver pasar de lejos
ese vendaval que una vez
nos quiso separar.

TENTACIONES

Siempre he tenido que estar presente
cuando lo más prohibido de mi mente
reluce ante mí.
Tengo que plantarle frente,
asentir y confiar.
Confiar en que voy a ser capaz de no comerme
ese donut de chocolate;
de no comprarme ese vestido que no me hace falta,
o simplemente no darme de alta
en alguna subscripción barata que no necesito.
Siempre me pude conformar
con el no,
con el no puedo y así será,
con el no merecería la pena arriesgar
y jugársela a sentirse mal después.
¿Para qué sentir culpa?
¿Para qué dejar que los remordimientos nos hundan
hasta el punto de poder llegar a arrepentirnos?
Siempre he sabido parar los pies a tiempo,
hacerle caso a mi intelecto y no dejarme llevar.
Da igual si es una tontería o estamos hablando
de la mayor maravilla del mundo,
pero me tenido que acostumbrar a no caer
en la tentación,
porque nadie te salvará del mal de tus pensamientos.
Y tengo que confesarme,

no me cuesta.
He aprendido a saborear la miel en los labios
y convencerme de que si la pruebo,
mi razón me va a empalagar.
Pero apareces tú y provocas un cortocircuito.
Te veo pasar y me reinicias,
consigues que me empiece a temblar todo el cuerpo.
Y ahí creo que es donde se me desconectan
los cables de mi cordura y me voy perdiendo.
Pierdo el no con el que me quedé,
pierdo el conformarme con solo poder mirarte,
pierdo el no.
Entonces sé que contigo no es que vaya a caer
en la tentación,
es que me voy a tirar yo de cabeza.
Contigo me quedo con el sí.
Sí quiero vivir lo que podría ser
y no lo que se quedó en el aire,
Sí quiero arriesgar para ver si gano.
Sí, a comerme contigo el mundo,
aunque luego tenga que ponerme el corazón a dieta.
A besarte, aunque me envenene.
A dejar de pensar en las consecuencias
que me condenen cuando haya hecho algo
de lo que quería y no hacía
por culpa de los miedos,
de los complejos,
de los prejuicios,
de la sociedad,

o de las circunstancias.
Solo contigo quiero tentar y dejarme seducir
por la curiosidad,
por lo que nos deparará el destino.
Solo contigo me saldría del camino un ratito
para salir a respirar de tu aire,
solo contigo.

ESCRIBIENDO COMO ÉL

Tenía la segunda polla más grande que había visto.
Escritor,
sonámbulo
y un puto alcohólico.
Se creía que por vomitar unas letras
follaba más que yo.
El, que se fumó un porro entre mis tetas
y lamía mi tacón
para que le comiera la polla en su habitación,
mientras que el editor de su historieta
se subía la bragueta
después de empotrarme contra su balcón.

NO ERAS TÚ

Ayer te vi y tenías la sonrisa más bonita
que habías fingido jamás.
La cadena que lucía tu escote todavía brillaba al verme,
porque seguías atada a mí
que cuando la tocas,
piensas en qué sabor tendría mi boca
si la volvieras a probar.
Porque sé que soy el dueño
de todos los sueños que ruegas cumplir
cada vez que te toca volver a la realidad,
a la conversación que dejamos pendiente,
porque te tuviste que marchar cuando él fue a recogerte
en el momento en el que la di.
Ayer te vi,
y querías hacerte ver radiante con tu risa de mentira,
pero desde donde me tienes escondido
yo veo tu ser inerte vagando a su lado,
tu pasión prohibida encerrada tras la cortina
de nuestra mirada oculta.
Te vi.
Vi cómo el miedo sepulta al amor,
mientras yo me muero por enterrar cada segundo
que pase y no te tengo.
Te vi de lejos y te sentí más cerca que hace tiempo.
Él me vio,
pero tú no.

Y por eso sé que mientes,
porque no era yo el que estaba en su lugar,
el que te acariciaba el pelo,
o te contaba cuál era esa estrella que te iba a bajar.
Deja de ponerte ese disfraz invisible
cuando paseas con él,
y vuelve a desnudarte conmigo.
Desenmascárate,
deja de engañarte a ti misma cuando ignoras
quererme más a mí.
Con él es más fácil vivir,
conmigo lo es el sentir,
pero te quema mi infierno.
Y no lo entiendo.
Porque tú no eres ese ángel que pretendes fingir.
Porque cuando estamos juntos,
somos fuego,
y formamos un averno en el que nuestro existir
se siente verdadero por fin.

ASPIRANTE A MÍ AL REINO DE MIS PIERNAS

Llevaba hablando con él varios meses,
me lo presentó uno de mis follamigos.
Ambos escribían poesía,
pero ninguno valía para ser poeta.
Le conocí una noche discreta.
Había quedado con el segundo,
para ponernos a dieta de alcohol.
Él llegó después,
yo ya estaba borracha de vino,
pero mis ojos de felino
eran conscientes de su interés.
Nos sentamos en la ventana.
Teníamos las mejores vistas de la manzana,
y él mirándome los pies.
Me mordió la rodilla cuando el otro no miraba,
y cuando mi faceta de pilla quiso dar la cara,
poco tardó en llegar la decepción.
Me recitó sus paridas con la voz de Mario Casas,
y ya mis ganas de cambiar de cama
se escondieron bajo su colchón.

ESPECIAL, COMO LAS DEMÁS

No quiero ser una más.
No quiero que mi carta se pierda entre las del resto
que guardas en esa caja.
No quiero que me trates como a cualquiera
de tus seguidoras de tus pajas mentales.
No quiero que me compares con tus antiguos amores.
No quiero que rehúyas de mis ojos
si te mueres por verlos de cerca.
Aunque sea a veces,
aunque sea porque te tropieces de casualidad
con mi insistencia por beberme una copa de tu boca.
Porque sé que eres capaz de caer en mis redes,
que quieres, aunque te niegues.
Te amarras en corto,
te frenas y finges que no te importo más que el resto,
que soy otra chica de las que no soporto tu oscuridad,
ni entiendo tu soledad,
ni tus ganas de morir pronto.
Pero yo quiero ser especial, porque noto que lo soy,
aunque tu voz lo calle.
Quiero ser tu alcohol para ahogarte las penas
cuando el papel no te comprenda,
ni cuando la luna no te entienda.
Juntos somos como dos ovejas negras
en todo su esplendor.
Quiero ser tu tentación, lo soy.

Déjate de reprimir y muéstramelo.
Acércate y sabes que no te podrás resistir,
Porque tú eres adicto a mi droga,
y yo siempre con mono de ti.

PARA ESA ESCLAVA DEL INTERÉS

Mientras estabas cenando fuera con tu novio,
yo me masturbaba viendo la foto de tu coño
que me pasaste al mediodía.
Releí la conversación donde me dijiste
que ya no le querías,
que algún día le dejarías,
que era yo quien estaría entre tus piernas este otoño.
Mientras él te lleva de la mano por la acera,
tu cadera se desespera al recordar
la noche donde tu coño
fue el hogar de mis penas.
Mientras yo vivo preso de tus apariencias
puedo volar,
y tú, sin embargo,
malvives infeliz en tu cárcel de mentiras,
donde tu libertad se expira
cada vez que mi labia y su billetera
te salen a buscar.

TARA DE AMOR

El cable nunca se llegó a conectar.
En las dos partes había corriente,
pero ser tan iguales
nos hizo repelernos mutuamente.
Y ya nunca nos podremos juntar.
Había amor en la misma intensidad,
pero cuando tú sí,
yo no.
Cuando yo voy,
tú ya no estás.
Cuando suena el *rock,*
escucho tu llamada.
Cuando soy el centro de todas las miradas,
yo solo te veo a ti.
Yo que creí envidiar las películas americanas,
hasta que un día descubrí
que fuimos sus protagonistas,
cuando todavía estaban
sin escribir.

Escrita y dedicada para Teresa.
Mereces un amor que mínimo te quiera como yo.

ME ENAMORÉ DE UN SUICIDA

Me enamoré de esas manos encalladas,
esas manos que gritaban en aquella libreta
todo lo que su voz callaba.
Esas manos que sangraban tantas letras de despedida
sobre el papel.
Me enamoré de sus heridas abiertas,
de sus inciertas explicaciones de no dejarse querer,
de su corazón amando a otra mujer,
de su oscuridad,
de su noche,
a pesar de sentirme símil al sol.
Me enamoré de sus ganas de morir esperando,
esperando a la que dormía en su corazón
perpetuamente
y él sabía que al besarla se despertaría para marchar.
Me enamoré de esa lealtad,
de la fidelidad que le guardaba a su soledad,
la mejor compañera que tenía, decía,
aunque cuando se la quitaba a veces,
conmigo reía más.
Me enamoré de su amistad,
de esa sensación de sentirme especial a su lado,
de dejar de ser los bichos raros
para ser la envidia de todos los demás.

Me enamoré de su inestabilidad,
de su contrariedad conmigo,
de cada una de las cosas que odio de él.
Me enamoré para morir sin sentir su piel,
y sabiéndolo, me enamoré,
no sé por qué.

LA RESPUESTA

Me preguntó si alguna vez le quise,
y no supe qué responderle en aquel momento.
Y ahora, mientras me siento a pensar,
veo mi reflejo en el cristal del ventanal de enfrente.
Estoy diferente.
Veo mis ojeras desde que no le veo bailar
sin importarle lo que opine la gente.
Veo mis labios titubear desde que no nos besamos
bajo la fuente de la capital en pleno diciembre.
Me veo suspirar,
mientras el viento se lleva
los momentos pendientes que dejamos atrás.
No soy la misma de siempre.
Parezco no brillar,
no reír,
no luchar.
Parece que todo me da igual, y es verdad.
Me siento tan perdida como la batalla
que dejamos a medio ganar.
Y me siento mal,
hundida,
incapaz,
inerte.
¿Es esto quererle?

CONFESIÓN 2

Ojalá llegue el día en el que mi autoestima
me mire por encima.
Un día en el que deje de darme grima
y me enamore de lo que soy.
Que haga las paces con mi exterior
y deje de castigar mi cuerpo sin motivo.
Ojalá llegue el día en el que consiga
comer mil calorías y me sienta bien.
Que deje de meterme los dedos hasta sangrar
para vaciar el estómago y no engordar,
y dejar de provocarme lágrimas por el esfuerzo.
De maquillar mi cara hinchada y mis ojos perdidos
tras las pestañas.
Ojalá deje de tocarme el cuerpo con rabia,
con asco,
con ganas de arrancarme cada parte que me daña.
Ojalá llegue el día en el que mi alegría no dependa
de lo abultada que me vea la barriga,
o de que suban los números en la báscula.
Ojalá pueda saciar mi hambre y parar,
y no arrepentirme de comer de más.
Dejar de pensar en vomitar
mientras sufro por tener que comer.
No tener que disimular,
no tenerme que esconder
para no preocupar a los demás.

Ojalá un día mi realidad se vaya lejos de mí
y me deje observar orgullosa mi imperfección.
Ojalá algún día me perdone esta confesión
y termine mi condena,
y mire estas letras como una cicatriz,
y pueda presumir que fui capaz de ganar esta pelea
que yo misma hice contra mí.

EXISTE UN ÁNGEL

Creía que los ángeles no existían,
porque siempre los imaginé volando
con sus dos alas blancas y emitiendo mucha luz.
Hasta que un día fui consciente de que desde siempre
había tenido uno al lado: mi madre.
No solo lo es por su bondad, lo maravillosa que es,
o porque es agradable hasta con quien no se lo merece.
Es mi ángel porque me guía hacia mis sueños. Siempre.
Me cuida, me protege, me aviva, me lleva a volar
cuando estoy decaída y no me puedo levantar.
Tiene esa alma ajena que es suya,
pero que vive dentro de mí.
Tiene ese poder de sentir lo que siento yo,
aun sin verme.
Es el tipo de conexión más fuerte que existe.
Tiene luz, pero es otra luz diferente.
Es una luz que solo puedo ver en mi mente
y consigue espantar toda mi oscuridad.
Absorbe con ella todo el mal que me quiera dañar,
aunque tenga que sufrirlo ella en mi lugar.
Es generosa, me dio la vida y me da la suya cada día.
Es luchadora, porque se empeña en moldear mi futuro
con sus manos a pesar de que mis errores estorben.
No tiene alas, pero tiene un corazón tan valioso
que lo que guarda dentro la hace estar a otro nivel,
por encima del mundo.

Tiene un corazón que late a mi compás,
que me ayuda a marcar los tiempos,
que suena para que escuche cuál es el sendero
por donde tengo que caminar,
o la cantidad de pasos que tengo dar
para no caerme o tropezar.
Aunque si lo hago, también me va a levantar.
Me lo merezca, o no, lo hará.
Tiene esos ojos que miran por mí
cuando yo no consigo abrirlos,
que me guían hacia la verdad.
Ella no lo sabe porque yo se lo suela decir,
pero cuando pienso en mí dentro de unos años,
deseo poder verla cada vez que me mire al espejo.
Deseo ver su reflejo día y noche, dentro y fuera de mí.
Es la mujer a la que aspiro a ser.
Es su espíritu el que quiero que nunca
deje de habitar mi cuerpo.
Ella es fuerte, nunca necesitó que la suerte le diera
la mano para ser la mejor.
A base de sudor consiguió llegar donde está hoy.
Es mi reina, la reina de mi vida,
la que me ordena el desorden de mis doctrinas,
la que me enseña a aprender por mí misma.
Me apoya en mis rimas y me arrima a mis sueños.
Da igual lo lejos que estén de cumplirse.
Da igual lo que se separen de la realidad.
Si lo necesito, me sube al cielo.
Si no, me baja de la nube.

La quiero, aunque a veces me dé sermones,
aunque algún día se entrometa
en la urbe de mi independencia.
La quiero más de lo que ella piensa.
La creo y la quiero.
Creo en la existencia divina,
en la magia.
Gracias a ella,
creo en el amor verdadero.

EL AMOR TAMBIÉN NOS HACE LIBRES

Me mientes.
Me dices a regañadientes que ya no crees en el amor.
Que eso son cuentos chinos que no entiendes,
que tu corazón cerró para siempre.
Me engañas,
o eso pretendes.
Y me cuentas las hazañas que tienes pendientes
y en las que no estoy yo.
Cada uno de tus quehaceres en solitario,
que no hay hueco en tu armario para alguien diferente.
Pero por mucho que lo intentes,
por mucho que inventes,
y quieras fingir,
te mientes a ti.
Porque yo soy consciente de que cuando te hago reír,
me sientes.
Cuando te acuerdas de mí,
es porque algo en tu subconsciente te está advirtiendo
que quizás me mantengas en tu presente,
porque me quieras en tu futuro.
Y aunque no estés seguro de ello,
porque el miedo te agarre del cuello y te ahogue,
porque las heridas del pasado evoquen
que se puedan repetir,

no quieres perder mi rastro,
no tienes agallas de huir hacia otro astro
donde no esté yo.
Soy todo lo que tus ganas desean,
reconócelo.
Plántale cara a ese temor que tanto te frena
y dime que estás dispuesto a que lo nuestro,
siendo lo que es,
deje de llevar cadenas.

ES DIFÍCIL SER YO

Qué difícil es vivir en estos tiempos.
Qué complicado se hace intentar ir a pasos lentos
cuando el resto va con prisas y te hacen caer.
Es difícil crear una ilusión y que no se la lleve el viento,
que te besen la sien,
que miren más allá de la piel,
que quieran recomponerte si tienes el corazón roto
por el ayer.
Es difícil que te convenzan de que merece la pena
volver a querer.
Ya nadie valora lo que se sale de la red.
Está de moda el desinterés,
lo fugaz,
lo pasajero,
el llorar por ser bueno y el fardar de la maldad,
el presumir de las apariencias
cuando las propias esencias no tienen nada que ofrecer.
Qué difícil se hace soportar los susurros
y las risas de los demás
cuando te sales de su normalidad.
Cuando buscas la calma de su viento
y no sigues su corriente.
Cuando hagas lo que hagas,
sus palabras envenenadas intentan matarte lentamente.
Cuando te mienten,
o inventan tu vida.

Cuando sus mentiras se convierten
en verdades para la gente.
Cuando te ven con alguien nuevo,
y ya creen que es otro amor pasajero.
Juzgan,
ríen,
imaginan,
te infravaloran.
Es difícil seguir adelante sembrando rosas
sin clavarte sus espinas,
esas espinas que otros afilan
para que sus heridas te hagan sangre.
Te bajan la autoestima para pisotearte.
Intentan pasarte por encima insultándote por detrás.
Te dejan en ese callejón sin salida
donde te escondes para que nadie te pueda encontrar.
Es difícil ser diferente y que no te señalen.
Nadar a contracorriente y que no naufragues.
Pero a mí me encanta lo difícil.
Me encanta callarles.
Me encanta ser libre, ser mi propio aire,
ser quien soy, porque no me parezco a nadie.
No me van a parar los pies,
porque mis pasos son tan firmes como quiero.
Es difícil ser la rara,
la callada,
la seria,
la tatuada,
la chula,

la guarra,
la del *rock*.
Pero me da igual ser lo que el mundo
que no me aporta nada crea que soy.
Estoy orgullosa de mi verdadero yo,
el yo que cualquier rumor no conoce.
Y he aprendido a decirle adiós
a todo el que quiera verme pequeña,
porque he conseguido crecer por dentro y por fuera.
He conseguido darme cuenta
de que la gente en realidad me ayudó,
porque cuando me veía como un ser insignificante,
ellos me dieron con sus ataques,
me dieron la importancia
que no me daba yo.

AMOR VERDADERO

Siempre me han vendido que el amor verdadero
está en encontrar esa persona que aparece sin buscar,
que te llena el alma.
Esa pareja
que es tu otra mitad,
tu paz,
tu calma,
tu felicidad.
Siempre me han hecho creer que el amor verdadero
es ese alguien con quien sueñas desde pequeño,
alguien que idealizas sin pensar,
alguien que está destinado a aparecer en tu vida
tarde o temprano.
Que aparece cuando menos planeado está.
Que te trastoca los planes,
las ideas,
los pensamientos,
los sentimientos.
Alguien que te hace ser capaz de perderlo todo,
porque a su lado no te hace falta nada más.
Siempre me convencieron de que el amor verdadero
era algo parecido a los cuentos de Disney,
al vivieron felices,
comieron perdices
y nada de cicatrices.
Pero he aprendido que no.

El amor verdadero es levantarte cada mañana
con ganas de comerte el mundo,
con abrir los ojos y al segundo
sonreír porque amaneció.
Mirarte al espejo orgullosa,
lanzarle un beso a tu reflejo,
y decirle: «¡Qué guapa que soy!».
El amor verdadero es pasar del primero que te diga
«Buenos días, princesa», porque aprendiste que todos
son sapos y ninguno te besará mejor hoy.
Es pensar en un futuro sin preocupaciones,
sin ataduras,
sin controles,
sin celos,
sin inseguridades.
Siempre me engañaron con el amor verdadero,
y casi me lo creo.
Casi me convencieron de que necesitaba
un compañero de viaje para sentirme completa.
Pero no.
He aprendido que no.
El amor verdadero es ser libre,
es que nadie me desequilibre el paso.
Deshacerme de todo lo que me haga caer.
Apartar lo que no me vaya a aportar nada positivo.
Hoy puedo decir que me quiero,
que me enamoré.
que vivo por un motivo,
y es mantenerme en pie,

para que con mi amor propio
nadie me pueda coger.

CUANDO SOMOS NIÑOS

Cuando somos niños,
no somos conscientes de todo el cariño que regalamos.
No somos conscientes de que damos amor
tan solo con una mirada,
con un gesto,
con una sonrisa,
o con nuestra dulce voz.
Cuando somos pequeños,
jugamos,
reímos,
saltamos,
bailamos.
Somos foráneos al mundo exterior,
porque inventamos nuestro pequeño mundo de color.
Construimos castillos con cartón
donde la única norma de nuestro reino es divertirnos.
Creemos en la amistad y somos fieles a ella.
Los problemas como vienen se van.
La inocencia es la única ciencia que experimentamos.
Los veranos es la mejor época del año,
porque no tenemos obligaciones,
porque todas las horas del día son para disfrutar.
Cuando somos niños, queremos crecer
y no sabemos realmente el motivo.
Nos queremos hacer mayores pronto,
queremos entender,

aprender,
vivir.
Y en ese momento no comprendemos
que estamos más vivos que nunca,
y que nuestra ignorancia lo hace todo más feliz.
Y ahora que he crecido, quiero volver a ser así,
una niña.
Quiero volver a esos años
donde no había preocupaciones,
donde no éramos conscientes de nuestros errores,
donde vivíamos en esas falsas verdades
que nos llenaban de alegría.
Me encantaría poder retroceder a ese pasado
donde las nubes eran de algodón de azúcar,
donde la luna nos perseguía por la ventana del coche,
donde cada noche un cuento diferente
nos acompañaba a la hora de dormir.
Cuando pasarse de la raya daba igual,
donde las guerras eran con la almohada,
o con globos de agua,
y en nuestra conciencia siempre había paz.
Quiero volver a mi niñez,
donde no me importaba nada más.
Donde había felicidad,
risas y besos verdaderos.
Ojalá pudiera borrar de mi vida la vejez que me queda,
donde no sabemos valorar lo bueno,
donde las prisas guían nuestro sendero,
donde los besos nos saben a veneno,

y retroceder hacia los años de esos pequeños,
donde el tamaño de su corazón
es más grande que el nuestro.

QUIERO ESCRIBIR

Cuando era pequeña,
escribía las típicas poesías que cuando lees de mayor,
no puedes evitar echarte las manos a la cabeza
y sentir un poco de vergüenza.
Pero yo sonreía cada vez que lo hacía,
y no me daba cuenta.
Hace muchos años gané
un premio literario en el colegio.
La ortografía siempre la quise perfecta,
y en uno de los cajones de mi armario
tenía impresa una novela que inventé.
Escribía historias,
textos,
dedicatorias,
de mis adentros.
Utilizaba el papel para explicarle a él
todo lo que la gente no quería entender,
y él sí lo hacía.
En él era fácil dejarse llevar sin tener miedos,
sin pensar en nada más,
sin que lo ajeno nos pudiera afectar.
Él, mi boli y mi soledad éramos la compañía perfecta,
la verdadera amistad.
Pero la vida, a veces, no está hecha
para llevarte derecha por el camino que emprendes.
Te pierdes por él,

te tuerces.
Dejé de escribir, sin ser consciente
de que me estaba perdiendo y al no saberlo,
no me dolió.
Cambié las letras por los números
sin saber que esa opción era la peor.
Cambié los versos por los besos,
los libros por el amor.
Pero hoy me he vuelto a encontrar.
Perdí los besos de buenas noches
para recuperar mis noches de buenos versos.
Dejé el amor en blanco,
para poder redactar mi propio relato.
Despejé cada ecuación sin resolver,
y el resultado siempre me evocaba al pasado,
a mis raíces,
a mi mano escribiendo para convertir
todas mis heridas en cicatrices.
Y hoy he vuelto a mi origen,
he vuelto a ser yo,
he conseguido recuperar la medicina de mi alma,
la amiga más leal que me calma cuando todo va mal.
Volvió en mi caída y me ayudó a remontar,
Y gracias a ella tengo sueños, tengo metas,
sé a dónde quiero aspirar.
Hoy vivo, porque escribo.
Hoy puedo decir que escribir me ayudó a vivir.

Sobre la autora

Leticia María Ruiz (@letiiemercury, 1994) publicó su primer poemario en 2019. Su pasión por la escritura le ha ayudado a crecer y a expandir sus raíces más allá de la poesía; de hecho, actualmente está escribiendo una novela erótica. Por supuesto, continúa con su afición por la música y el piano. Una clara muestra de ello se encuentra en los códigos QR de esta obra, a través de los cuales el lector podrá escuchar varios poemas recitados directamente por la autora en YouTube.

www.ingramcontent.com/pod-product-compliance
Lightning Source LLC
LaVergne TN
LVHW041101150826
845673LV00007B/1869
9788419092106